Ann

Les neuroscienc

Anne Madeliny Oliveira Pereira de Sousa

Les neurosciences dans la formation des enseignants

Les apports des neurosciences au processus d'enseignement et d'apprentissage

ScienciaScripts

Imprint

Any brand names and product names mentioned in this book are subject to trademark, brand or patent protection and are trademarks or registered trademarks of their respective holders. The use of brand names, product names, common names, trade names, product descriptions etc. even without a particular marking in this work is in no way to be construed to mean that such names may be regarded as unrestricted in respect of trademark and brand protection legislation and could thus be used by anyone.

Cover image: www.ingimage.com

This book is a translation from the original published under ISBN 978-613-9-67611-8.

Publisher:
Sciencia Scripts
is a trademark of
Dodo Books Indian Ocean Ltd. and OmniScriptum S.R.L publishing group

120 High Road, East Finchley, London, N2 9ED, United Kingdom
Str. Armeneasca 28/1, office 1, Chisinau MD-2012, Republic of Moldova, Europe

ISBN: 978-620-8-17249-7

RÉSUMÉ

1

Anne Madeliny Oliveira Pereira de Sousa, mariée, mère de deux enfants, Lucas Roberto et Anna Rebeca, âgés de 13 et 8 ans. Enseignante, psychopédagogue et neuropsychologue, elle aime l'éducation depuis 2008. Lorsqu'elle a commencé à enseigner, elle était enthousiaste à l'idée de contribuer à l'éducation de ses élèves, planifiant diverses actions pour les aider à construire leurs connaissances. Cependant, les obstacles étaient innombrables, diverses difficultés et barrières à l'apprentissage des enfants surgissaient, d'autant plus qu'il s'agissait d'une institution publique, où se concentraient un plus grand nombre d'enfants défavorisés avec divers problèmes sociaux. L'inquiétude de Madeliny grandit de jour en jour, car elle souhaite voir ses élèves progresser dans leurs connaissances, mais les difficultés d'apprentissage sont nombreuses. Elle décide alors de s'orienter vers des études scientifiques et se spécialise en psychopédagogie (clinique, institutionnelle et hospitalière). Les connaissances acquises lors de cette formation l'ont beaucoup aidée dans sa pratique, mais Madeliny veut en savoir plus et cherche à comprendre certains concepts en se spécialisant en neuropsychologie. Ce savoir-faire acquis lui a ouvert les yeux et a transformé sa pratique pédagogique.

Forte de son expérience et de ses connaissances en neurosciences, Made- liny a développé des projets satisfaisants pour ses élèves et son école. Elle a commencé à partager ses études et recherches avec ses collègues de travail et a publié un article sur le sujet. Elle se dit également heureuse et comblée de travailler dans l'éducation, même si elle sait que les difficultés sont énormes et que la lutte est constante pour une éducation de qualité. Malgré les défis, elle aime participer au développement des connaissances de ses élèves et apprécie les occasions qu'elle a de partager ses expériences, contribuant ainsi à une éducation de qualité.

Adresse pour accéder à ce CV : http://lattes.cnpq.br/0358528093172397 annemadeliny@gmail.com

Je dédie ce travail à ma famille pour son soutien et ses encouragements à croire en mon potentiel, ainsi qu'à tous les professionnels de l'éducation qui luttent avec créativité et dévouement pour atteindre notre plus grand objectif, à savoir une éducation de qualité pour tous.

REMERCIEMENTS PARTICULIERS

Tout d'abord à Dieu, pour avoir été avec moi à tout moment, pour avoir été mon refuge et ma force dans les jours difficiles. En outre, il m'a donné le privilège de partager des expériences au cours de ce travail et m'a permis de connaître une nouvelle victoire. Ma gratitude éternelle lui revient. À ma chère maman Taiza Maria pour ses encouragements et son soutien. Et surtout à mon mari Màbio Roberto A. de Sousa et à mes enfants Lucas Roberto et Anna Rebeca pour avoir contribué à faire de ce projet une réalité et pour avoir compris mon absence à de nombreux moments.

1 INTRODUCTION

Les défis et les exigences auxquels l'éducation est confrontée dans la société contemporaine, ainsi que les progrès technologiques, ont fait de la connaissance une question stratégique pour le progrès économique, politique et social. Par conséquent, il est nécessaire de repenser de manière critique la fonction sociale de l'éducation et les changements dans une société mondialisée. Face à ces faits, l'éducation est interrogée sur la nécessité d'une culture visant à créer un véritable environnement d'apprentissage favorable à ces changements. La complexité de l'enseignement et de l'apprentissage est le principal défi auquel l'éducation est confrontée aujourd'hui. Considérant que l'éducateur a pour objectif de promouvoir la formation de citoyens critiques et réfléchis, éveillant les artifices nécessaires pour faire face aux références accessibles dans la société moderne, conduisant à la structuration de la connaissance. Pour ce faire, il faut un système éducatif moderne et démocratique, qui assume la responsabilité et l'engagement de construire un paysage d'apprentissage concret qui réponde aux exigences de la société moderne. Cependant, il est essentiel de définir les objectifs, les buts stratégiques et le plan d'action qu'un tel système doit avoir pour les atteindre. Garantir le développement du potentiel intellectuel de chaque élève est un facteur important pour attester du développement des aptitudes et des compétences nécessaires pour agir dans la société.

Le projet de loi, approuvé en 2010, articule le Plan national d'éducation (PNE - 2011/2020 -PL n° 8.035/2010), présentant dix lignes directrices objectives et 20 objectifs. L'un d'entre eux, le numéro 15.7, vise à "Promouvoir la réforme curriculaire des cours de licence afin d'assurer une focalisation sur l'apprentissage des étudiants, en divisant la charge de travail entre la formation générale, la formation dans le domaine des connaissances et la didactique spécifique" (PNE - 2011/2020, p. 44).

La mission à développer par l'enseignant exige de la clarté, et il est nécessaire d'avoir des buts et des objectifs définis, d'être conscient de ce qu'il faut enseigner, pour qui il faut enseigner, et c'est dans cette vision que s'inscrit le comment développer. En gardant à l'esprit l'intégration des différents aspects du processus d'enseignement et d'apprentissage, en tenant compte de l'étudiant dans son ensemble, de ses connaissances, des stratégies d'enseignement et du contexte culturel et historique dans lequel il se trouve (cf. TACCA, 2000).

De ce point de vue, les études scientifiques sur le système nerveux central, qui connaissent actuellement un grand développement, peuvent contribuer à l'expansion des concepts théoriques dans la formation des enseignants, ce qui permet de comprendre la complexité du processus d'enseignement et d'apprentissage. La neuroscience est une science qui étudie le développement chimique, structurel et fonctionnel du système nerveux.

Cette science est présente dans différents domaines de la connaissance, contribuant directement au progrès scientifique dans divers domaines, tels que la médecine, la psychologie, la linguistique et la philosophie, et ces dernières années, elle est devenue l'une des sciences de l'éducation. Dans le domaine de l'éducation, les neurosciences cherchent à comprendre comment le cerveau se comporte dans le processus d'apprentissage et comment il apprend (cf. COSENZA ; GUERRA, 2011).

En raison des convictions des neuroscientifiques et de leurs découvertes sur le développement cognitif humain, la formation des enseignants doit connaître une période de réinvention et d'actualisation. Selon GADOTTI (2008), pour qu'il y ait une éducation de qualité, la qualification des enseignants est un point stratégique. Cependant, il est complexe de structurer correctement les paramètres de cette qualification, étant donné que les cours de formation des enseignants, avec leur contenu et leurs méthodologies, sont dépassés ou, à tout le moins, "statiques" - parce qu'ils sont basés sur une vision instructionnelle (unilatéralisée par les méthodes traditionnelles) de l'enseignement. C'est pourquoi il est nécessaire de repenser les changements apportés au processus de formation des enseignants. De cette manière, les éducateurs peuvent être légitimés pour des actions plus significatives, plus efficaces et plus autonomes. Sachant qu'ils sont les protagonistes des transformations neurobiologiques qui construisent l'apprentissage, mais qu'ils ne connaissent pas le fonctionnement du cerveau.

C'est pourquoi la gestion de l'éducation est fondamentale, tant pour l'organisation des institutions que pour la mobilisation des professionnels en vue d'améliorer la qualité de l'enseignement. Tout au long de l'histoire de la gestion de l'éducation au Brésil, de grands efforts ont été déployés pour améliorer la qualité de l'éducation, mais la plupart d'entre eux représentent des actions isolées qui ne font qu'atténuer la situation. Même s'il existe des outils qui contribuent à cette amélioration, ils sont inefficaces en raison du manque d'actions articulées et conjointes qui agissent sur un scénario macro-structurel. En ce sens, penser la gestion de l'éducation, c'est comprendre sa signification comme une articulation consciente entre les activités qui se déroulent dans la vie quotidienne de l'institution scolaire et leur signification sociale et politique (cf. LUCK, 1999).

Ces dernières années, l'État du Ceará a fait progresser les politiques publiques qui valorisent l'intervention pédagogique, comprenant que les actions visant à qualifier les enseignants sont nécessaires au développement efficace de ses citoyens en formation, réalisant que la gestion d'une salle de classe requiert des compétences essentielles qui ne peuvent être ignorées. Pour être enseignant, il faut *savoir*, *savoir faire* et surtout *savoir être*. La compétitivité du monde moderne, les nouvelles technologies qui apparaissent en peu de temps, génèrent la recherche d'un apprentissage continu et satisfaisant. C'est ainsi que l'État du Ceará a mis en œuvre le programme d'alphabétisation précoce.

[1]Certa (PAIC), qui a incité les municipalités du Ceará à rechercher de nouveaux concepts fondamentaux pour la connaissance pédagogique, en fournissant des subventions théoriques pour l'action pédagogique.

Dans cette lutte pour une éducation de qualité, l'État du Ceará a développé une approche de gestion démocratique participative satisfaisante, en reconnaissant la nécessité d'alphabétiser tous les élèves dès les premières années de l'école primaire, en rendant les gestionnaires municipaux responsables de la qualité de l'éducation et en appliquant des évaluations externes qui permettent de planifier des interventions

---

1 Pour plus d'informations sur le PAIC, voir http://www.paic.seduc.ce.gov.br/.

pédagogiques novatrices. [23] La municipalité de Quixadà a rejoint le Pacte national pour l'alphabétisation à l'âge approprié (PNAIC) - dont je suis le superviseur depuis 2013 - un accord formel conclu par le gouvernement fédéral, les États et les municipalités afin de garantir que tous les enfants soient alphabétisés à l'âge de huit ans, à la fin de la troisième année de l'école primaire.

En 2013, l'équipe de conseillers du PNAIC dont je fais partie a effectué une série de visites dans les bureaux régionaux de l'éducation. Au cours de ce suivi, nous avons eu l'occasion d'examiner de plus près les facteurs qui constituaient des indicateurs favorables au développement de la qualité de l'éducation, ainsi que les pratiques négatives qui devaient être resignifiées. En tenant compte des facteurs présentés dans les résultats situationnels du suivi des écoles par l'équipe technique du département municipal de l'éducation, il est devenu nécessaire de construire un plan d'actions qui pourrait promouvoir l'apprentissage des élèves assistés dans les écoles, ainsi que le renforcement de la gestion démocratique et participative de la communauté scolaire.

Sur la base du concept de *gestion de la qualité*, nous pouvons affirmer que le département municipal de l'éducation dans lequel nous travaillons développe des actions qui reflètent la gestion participative et que le plan éducatif vise à développer des idées associées à un enseignement significatif et interdisciplinaire, en recherchant la qualité dans le processus éducatif, l'objectif principal étant la formation critique et participative des citoyens. Ce plan d'action comprend la formation continue des éducateurs, dans le cadre de laquelle nous développons nos actions pour intégrer les concepts des neurosciences dans le processus d'enseignement et d'apprentissage. Selon Morales (2005, p. 10) : "les états mentaux sont issus de modèles d'activité neuronale, l'apprentissage est donc réalisé par la stimulation des connexions neuronales, qui peuvent être renforcées en fonction de la qualité de l'intervention pédagogique" - grâce à ces connaissances, les enseignants participant à notre formation ont déjà signalé des changements dans leur pratique pédagogique.

---

2 Les résultats du programme peuvent être consultés à l'adresse suivante :
http://www.paic.seduc.ce.gov.br/index.php/resultados/mapas-dos-resultados.
3 Plus d'informations à l'adresse suivante : http://pacto.mec.gov.br/index.php.

Il est nécessaire de proposer une éducation transformatrice où l'acquisition des connaissances se fait par la transformation des connaissances antérieures que l'élève apporte à l'école en connaissances scientifiques. Faire du processus d'enseignement une action-réflexion-action constante, où l'enseignant recherche, expérimente, discute avec d'autres éducateurs, conclut et reprend le cours du processus, en considérant l'apprentissage comme l'objectif principal. Pour ce faire, l'enseignant doit être enthousiaste, croire en ses élèves, entretenir une relation amicale à la recherche de nouvelles connaissances qui donneront un sens à la vie de ses élèves.

Pour Vygotsky, les expériences sociales sont impliquées dans les processus mentaux supérieurs d'autorégulation adaptative. Dans cette perspective, l'objectif premier des institutions éducatives est d'aider à développer la capacité de l'étudiant à se concentrer, à raisonner et à apprendre (cf. RELVAS, 2003).

En réalité, il faut comprendre que le droit à l'éducation part de la reconnaissance que la connaissance systématique est importante pour le développement intellectuel du sujet. Cependant, pour avoir une éducation de qualité, nous avons besoin de professionnels ayant une solide formation pédagogique et scientifique, ouverts au changement, car l'assimilation du fonctionnement du cerveau permet une meilleure compréhension de l'apprentissage et, par conséquent, l'amélioration de la didactique.

Sur la base de ce qui précède et de la reconnaissance des inférences liées au fonctionnement du cerveau dans le processus d'acquisition de l'apprentissage, qui ne sont toujours pas appréciées dans de nombreux cours de formation des enseignants, nous soulignons la pertinence de développer des études qui contribuent à la formation des professionnels de l'éducation à ces connaissances, car si la société moderne est en constante évolution et que l'éducation fait partie de cette même société, nous nous demandons comment les enseignants font face à la nécessité de ces nouvelles connaissances pour améliorer leur enseignement : Les enseignants se rendent-ils compte que leur pratique pédagogique déclenche des réactions neurologiques et hormonales dans le corps de l'élève qui peuvent influencer sa motivation à apprendre ? En ce sens, la proposition d'unir les neurosciences et l'éducation dans la formation des enseignants vise à collaborer de manière participative à une formation efficace et efficiente pour les enseignants du système d'éducation primaire.

Au vu des concepts présentés, nous comprenons l'importance de la connaissance par les enseignants des méthodes impliquées dans l'acquisition de l'apprentissage dans le cerveau, puisque cette connaissance peut fournir des stratégies différenciées et des méthodes d'apprentissage efficaces. La nécessité d'assurer le droit à l'éducation pour tous doit être perçue et comprise par les gestionnaires de l'éducation dans la perspective de garantir l'apprentissage, dans le but d'encourager nos éducateurs à construire et à développer de nouveaux programmes de manière autonome, collective et créative, afin qu'ils puissent développer des actions qui fournissent des expériences formatives, en faisant de la vie scolaire quotidienne un espace de réflexion et de construction de connaissances.

[4]Dans cette optique, cette recherche vise à intégrer le concept de neuroscience dans la formation des enseignants du Pacte national pour l'alphabétisation à l'âge approprié (PNAIC) dans le système éducatif de la municipalité de Quixadà dans l'État du Cearà, afin de présenter l'importance des connaissances sur ce sujet pour les changements dans la méthodologie pédagogique, en plus d'intensifier la base théorique présentée dans les cahiers d'études, de contribuer à la pratique de l'enseignement, ainsi que de renforcer et de diriger le processus d'enseignement-apprentissage.

Le projet d'étude en question a été réalisé selon une approche qualitative, à l'aide d'entretiens semi-structurés, ainsi que d'une revue de la littérature scientifique dans des articles et des livres afin d'organiser les concepts et les références théoriques. Le travail de recherche permettra de mettre en place des moments d'étude basés sur les neurosciences dans la formation de trente enseignants en alphabétisation de la deuxième année de l'école primaire qui participent au PNAIC dans la municipalité de Quixadà, ville où je travaille en tant que coordinatrice pédagogique au département municipal de l'éducation et superviseuse de l'étude pour le Pact. Le contenu de la formation sera associé à des concepts neuroscientifiques et les enseignants seront

---

4Plus d'informations à l'adresse suivante : http://pacto.mec.gov.br/2012-09-19-19-09-11.

encouragés à appliquer la théorie à la pratique. Leur validité sera vérifiée à l'aide de questionnaires, d'observations *sur le terrain* et d'analyses de données avec des outils de suivi de l'enseignement, ainsi que par l'utilisation de ressources médiatiques.

Ainsi, l'étude cherchera à vérifier l'interférence de la compréhension des neurosciences dans la formation des éducateurs du système d'éducation de base et la nécessité de prendre en compte les connaissances produites par la recherche en neurosciences lors de la planification, de l'articulation et du développement de leurs projets didactiques. Pour l'acquisition des connaissances, il existe des concepts communs qui peuvent être adaptés à tous, mais il y a des situations qui sont spécifiques, issues du contexte social de chaque personne, et que l'éducateur doit donc connaître pour pouvoir les analyser ou les traiter différemment. Nous savons que nous ne pourrons pas rompre du jour au lendemain avec une vieille tradition axée sur l'évaluation et l'enseignement d'une manière unique et standardisée.

Le travail sera divisé en deux chapitres, tous deux subdivisés. Dans le premier chapitre, nous présenterons une analyse de la contribution neuroscientifique à la formation académique dans les cours de pédagogie des universités publiques de l'État du Ceará et du Réseau national de formation continue des enseignants, ainsi qu'une étude de l'applicabilité des neurosciences dans l'éducation. Dans sa subdivision, nous commenterons la pertinence de la connaissance des neurosciences pour la formation des éducateurs. Dans le deuxième chapitre, nous rendrons compte de l'intégration des connaissances neuroscientifiques dans la formation des enseignants du PNAIC dans la municipalité de Quixadà, en explorant la théorie dans la pratique, ainsi que quelques expériences réussies. À la fin de ce projet, nous présenterons les résultats possibles et nous mettrons à disposition, sous forme d'annexes, les instruments et les photos de l'étude.

CHAPITRE I

1 . LES NEUROSCIENCES DANS L'ÉDUCATION.

Pour commencer cette recherche, nous avons effectué une recherche pour connaître les programmes des cours de pédagogie dans les universités publiques de l'État du Cearà - il convient de souligner que l'enquête s'est limitée aux institutions publiques parce qu'elles sont les principaux partenaires de la formation continue, y compris celle où nous avons réalisé cette étude. [5678]Examinons les institutions : 1) UFC - Université fédérale du Cearà, 2) UECE - Université d'État du Cearà, 3) UVA - Université d'État de Vale do Acaraù et 4) URCA - Université régionale du Cariri, dans le but de vérifier l'existence de sujets incluant l'étude des neurosciences. Cependant, aucune de ces universités n'en a trouvé. Cela a suscité un intérêt encore plus grand pour la recherche sur la contribution des neurosciences à l'éducation. [9]Ainsi, nous nous sommes concentrés sur le Réseau national de formation continue des enseignants, créé en 2004 dans le but de contribuer à l'amélioration de la formation des enseignants et des étudiants, en donnant la priorité aux éducateurs du réseau d'éducation de base du système d'enseignement public. Les domaines couverts par la formation sont : l'alphabétisation et les langues, l'enseignement des mathématiques et des sciences, l'enseignement des sciences humaines et sociales, les arts et l'éducation physique.

Le ministère de l'éducation apporte un soutien technique et financier et est responsable de la gestion du développement du programme, auquel les États, les municipalités et le district fédéral participent sur la base d'une collaboration. Parmi les cours de formation des enseignants, on peut citer, par exemple :

Pró-Letramento : qui cherche à créer une organisation qui travaille de manière intégrée, visant à améliorer l'apprentissage dans les premières années de l'école primaire, avec

---

5 http://www.si3.ufc.br/sigaa/public/curso/curriculo.j   sf;j   sessionid=E6546E4B8981AD11C01C5CA112 E3A0D3.node147 Recherché le 08/08/2014.
6 http://www.uece.br/uece/index.php/graduacao/presenciais - recherche effectuée le 30/07/2014.
7 http://www.uvanet.br/ - recherche le 30/07/2014
8 Il n'a pas été possible d'accéder au programme d'études car il n'était pas disponible sur le site web de l'institution.
9 http://pacto.mec.gov.br/component/content/article/26-eixos-de-atuacao/54-formacao

les objectifs suivants : 1) offrir un soutien à la pratique pédagogique des enseignants, en aidant à améliorer la qualité de l'enseignement et de l'apprentissage de la langue portugaise et des mathématiques ; 2) suggérer des situations qui motivent la construction et la réflexion des connaissances en tant que processus continu de formation des enseignants ; et 3) ajouter de nouvelles connaissances qui permettent de comprendre les mathématiques et la langue ainsi que leurs processus d'enseignement et d'apprentissage.

Proinfo : il s'agit d'un programme de formation intégré visant l'utilisation didactique et pédagogique des technologies de l'information et de la communication (TIC) dans la vie scolaire quotidienne, lié à la fourniture de matériel technologique aux écoles et à la fourniture de contenus, de ressources multimédias et numériques offerts par le portail des enseignants ;

Formation au Pacte national pour l'alphabétisation à l'âge adulte : destinée aux alphabétiseurs, elle propose une méthodologie d'étude et des activités pratiques.

Ces cours présentent une méthodologie et des fondements théoriques qui valorisent la construction de la connaissance et le sujet comme protagoniste de l'apprentissage, tout en considérant l'éducateur comme le médiateur de ce processus. En analysant le contenu, on constate que la pratique pédagogique est valorisée en conjonction avec la base théorique, en donnant de l'importance aux schémas mentaux et aux processus de base pour le développement de l'apprentissage. Cependant, elle ne présente pas explicitement la nécessité de savoir comment l'apprentissage se déroule dans le cerveau et comment cette connaissance peut aider la pratique de l'enseignement.

Au vu de ces analyses, la question se pose de l'importance réelle de la connaissance des avancées scientifiques par les enseignants et de leur contribution à la planification et à l'articulation de leçons visant un apprentissage significatif. Diverses études ont prouvé le soutien des neurosciences dans le processus d'enseignement-apprentissage.

Le système éducatif de la municipalité de Quixadà est divisé en seize régions éducatives, subdivisées en niveaux qui caractérisent le nombre d'écoles et les responsables de leur gestion. Quixadà participe au programme d'alphabétisation à l'âge

13

appropié depuis 2007, avec des avancées et des reculs significatifs, qui sont analysés afin de comprendre les raisons pour lesquelles les progrès ont été interrompus.

Cette analyse montre la nécessité d'intensifier la crédibilité de certains professionnels de l'éducation, ainsi que le soutien pédagogique pour l'application de la formation en classe, car les régions qui ont progressé étaient composées de gestionnaires qui connaissaient les programmes mis en œuvre dans la municipalité, que ce soit au niveau de l'État ou au niveau national, et qui développaient un travail intégré. Les directeurs pédagogiques participaient à la planification des enseignants, encourageaient la formation continue et contribuaient à la mise en œuvre des actions dans l'institution scolaire.

De cette réflexion est née la nécessité de planifier des actions avec les alphabétiseurs du PNAIC, en intégrant des sujets de connaissance scientifique à la formation des enseignants, en cherchant à contribuer à la qualité de l'éducation. En 2013, la municipalité de Quixadà s'est inscrite au PNAIC, avec 142 enseignants et 6 guides d'étude. J'étais l'un des guides d'étude et j'ai développé ces actions dans les classes de 3ème, avec 23 enseignants, mais le projet n'a pas été réellement élaboré, ce n'est qu'en 2014 que la recherche a été organisée de manière structurée. Quixadà compte actuellement 791 élèves dans le cycle d'alphabétisation en 1ère année, 812 élèves en 2ème année et 984 élèves en 3ème année, le nombre d'enseignants est de 55 en 1ère année, 57 en 2ème année et 64 en 3ème année, nous avons 6 guides d'étude, mais seulement 30 enseignants d'alphabétisation en 2ème année font partie de ce projet, car ce sont eux qui ont participé à ma formation. Parmi ces enseignants, 4 ont participé à mes cours de formation en 2013.

Le PNAIC est né de la nécessité de garantir le droit à un apprentissage complet à la fin du cycle d'alphabétisation. L'histoire du Brésil est marquée par la cruelle réalité des enfants qui terminent leur scolarité sans être alphabétisés. [10]Ce pacte est constitué d'un ensemble intégré d'actions, de matériels, de références curriculaires et pédagogiques qui seront mis à disposition par le ministère de l'éducation (MEC).

---

10 Matériel didactique, œuvres littéraires, aides à l'enseignement, jeux et technologies éducatives.

L'objectif principal du PNAIC est la formation continue des professeurs d'alphabétisation, en contribuant à leur développement professionnel, ainsi qu'en proposant l'élaboration de propositions visant à définir les droits d'apprentissage et de développement des enfants au cours des trois premières années de l'école primaire. Le cours présentiel dure 120 heures par an et est basé sur le programme Pro-Literacy, dont la méthodologie propose des études et des actions pratiques. Les sessions de formation avec les alphabétiseurs sont réalisées par des Conseillers d'études.

Les guides d'étude participent à un cours spécifique, d'une durée de 200 heures par an, dispensé par des universités publiques. [11]L'ensemble de livres d'étude pour la formation des enseignants est destiné à subventionner les discussions liées à la formation continue en face à face, dans le but d'approfondir le débat sur l'alphabétisation du point de vue de l'alphabétisation.

La formation fournit des lignes directrices méthodologiques pour le développement des droits d'apprentissage dans le cadre du cycle d'alphabétisation. Le travail didactique développé dans ces études privilégie la réflexion-action-réflexion, en mettant la théorie en pratique. L'universalisation de la pratique peut être appliquée sur la base d'une compréhension de deux facteurs : le contenu exploré en classe et la méthodologie, la dynamique et les procédures de présentation du contenu. Il est fondamental de valoriser l'étudiant en tant que protagoniste de l'apprentissage, en respectant sa façon de penser et sa logique dans le processus de construction de la connaissance.

Au début des cours de formation du PNAIC en 2014, un questionnaire a été administré pour vérifier les connaissances préalables des enseignants en matière de neurosciences. Les résultats sont présentés dans les graphiques suivants :

---

11 http://pacto.mec.gov.br/2012-09 -19-19-09-11.

QUAL A SUA FORMAÇÃO?

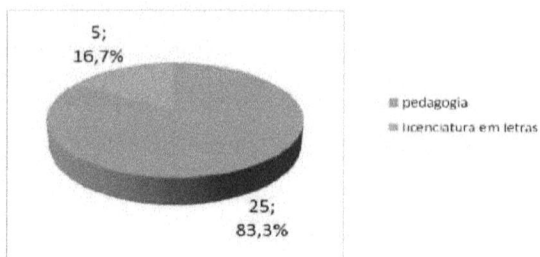

5;
16,7%

■ pedagogia
■ licenciatura em letras

25;
83,3%

QUANTO TEMPO DE FORMADO?

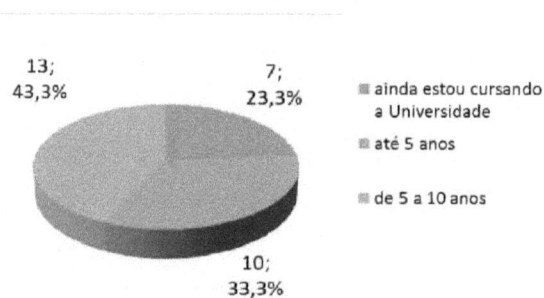

13;
43,3%

7;
23,3%

■ ainda estou cursando a Universidade

■ até 5 anos

■ de 5 a 10 anos

10;
33,3%

VOCÊ CONHECE OS AVANÇOS DA NEUROCIÊNCIA?

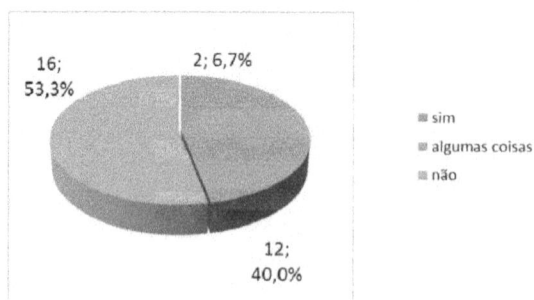

16;
53,3%

2; 6,7%

■ sim
■ algumas coisas
■ não

12;
40,0%

ACHA QUE EXISTE UMA RELAÇÃO ENTRE OS ASSUNTOS
ABORDADOS NA ALFABETIZAÇÃO COM A NEUROCIÊNCIA?
JUSTIFIQUE.

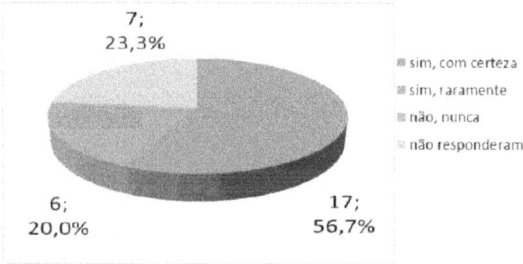

Parmi les raisons invoquées, on peut citer les suivantes :

- Comme les neurosciences étudient l'esprit, cela contribuera certainement au processus d'alphabétisation.

- C'est dans l'alphabétisation que nous découvrons quelque chose de nouveau, que nous organisons notre cerveau et que nous nous approprions des connaissances significatives.

- Je ne connais pas encore les neurosciences, il m'est donc difficile de répondre.

- Je ne peux pas répondre à cette question.

AO ELABORAR ATIVIDADES PARA SEUS ALUNOS LEVA EM
CONSIDERÇÃO O MODO DE APRENDIZAGEM DO CEREBRO? POR QUÊ?

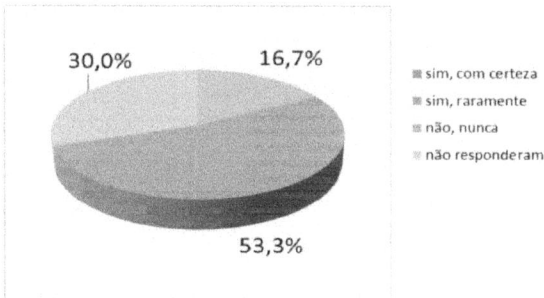

Parmi les raisons invoquées, on peut citer les suivantes :

- Parce que de nombreux enfants peuvent ne pas être adaptés à une matière particulière.

- Oui, car le cerveau est présent dans toutes les activités humaines.

- Parce que l'apprentissage se fait au fur et à mesure que le cerveau mûrit.

- En effet, les activités proposées permettent de retenir ce qui a été appris.

17

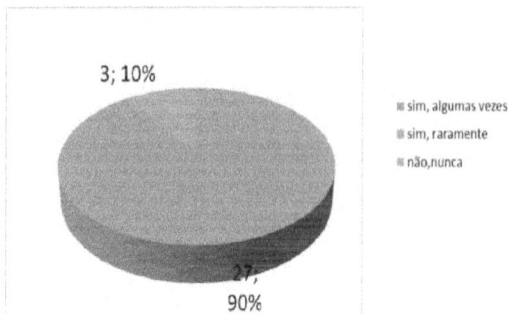

3; 10%

- sim, algumas vezes
- sim, raramente
- não, nunca

27;
90%

Parmi les raisons invoquées, on peut citer les suivantes :

- Oui, c'est en jouant dans nos classes que nous avons le plus d'élèves, car c'est ainsi qu'ils apprennent par le jeu.

- Dans le processus d'alphabétisation, le jeu est nécessaire, mais je n'avais pas réfléchi au fonctionnement du cerveau.

- Je crois que le jeu favorise l'apprentissage, facilite le développement de la compréhension.

- Oui, mais je ne pensais pas au fonctionnement du cerveau.

NORMALMENTE PROCURA?

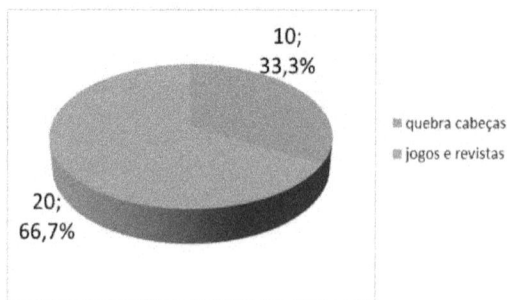

10;
33,3%

- quebra cabeças
- jogos e revistas

20;
66,7%

18

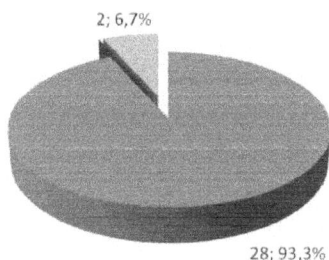

EM SUA OPNIÃO, CONSIDERA FUNDAMENTAL TER CONHECIMENTO DE COMO SE PROCESSA APRENDIZAGEM NO CÉREBRO PARA DAR UMA RESPOSTA SATISFATÓRIA ÀS SUAS NECESSIDADES DE INFORMAÇÃO NA ÁREA DE ATUAÇÃO?

2; 6,7%

28; 93,3%

Parmi les raisons invoquées, on peut citer les suivantes :

- Pour travailler avec succès, nous devons acquérir des connaissances afin de développer des compétences.

- Oui, parce que cela améliorera ma pratique en classe.

- Si nous n'avons pas cette connaissance, nous ne saurons pas comment agir.

- En comprenant le processus d'apprentissage du cerveau, nous pouvons élaborer des stratégies efficaces.

Parmi les suggestions demandées dans le questionnaire, nous pouvons souligner les suivantes :

• Qu'ils nous apportent des connaissances qui contribuent à notre pratique.

• Introduire des études neuroscientifiques plus approfondies.

• Organisons des conférences et des moments d'étude sur le sujet.

• Améliorer les nouvelles connaissances sur la base du PNAIC.

L'analyse de ces graphiques a révélé l'importance de lier les questions neuroscientifiques pertinentes au contenu des manuels de formation du PNAIC. Le matériel pédagogique du pacte comprend également des brochures sur l'éducation inclusive et l'éducation rurale, qui devraient couvrir tous les sujets à étudier. C'est ainsi qu'a commencé le travail de sélection des connaissances scientifiques les plus proches des thèmes abordés dans les cours de formation. Vous trouverez ci-dessous un tableau des sujets et des contenus scientifiques qui sont explorés lors des réunions :

19

PNAIC - 2013	PNAIC - 2014	NEURO SCIENCE
Le programme d'études dans le cycle d'alphabétisation ;	Organiser le travail pédagogique ;	Concept et relation entre les neurosciences et l'éducation ;
Planification et organisation de la routine en alphabétisation ;	Quantification, enregistrement et regroupement ;	Fonctionnement du cerveau - (apprentissage - stimulation de l'environnement - nouvelles synapses entre les neurones) ;
Appropriation du système d'écriture alphabétique et consolidation du processus d'alphabétisation ;	Opérations de résolution de problèmes ;	Apprentissage et mémoire ; Vidéo : la recette pour apprendre mieux et plus vite - la répétition intelligente ;
L'espièglerie ;	Construire le système de numération décimale ;	Principes des neurosciences en tant qu'application potentielle dans l'environnement scolaire ;
Travailler avec des genres textuels ;	Géométrie ;	Apprentissage utile ; Vidéo : neurosciences et apprentissage ;
Projets didactiques et séquences didactiques avec les	Formation statistique ;	Évolution des connaissances, stratégies d'apprentissage ;
différentes composantes du programme d'études ;		
Hétérogénéité dans la salle de classe et droits d'apprentissage ;	Connaissances mathématiques et autres domaines de connaissances ;	Neurosciences et éducation - une voie à double sens ; vidéo : Série - Le cerveau, machine à apprendre 01.
Progression scolaire et évaluation ;	Les jeux dans la culture mathématique ;	La recherche sur les fondements de l'apprentissage basée sur les neurosciences peut contribuer à une éducation de qualité ;
Séminaire.	Séminaire.	Échange d'expériences et présentation d'enseignements fructueux.

Les sessions de formation ont lieu une fois par mois, avec 12 heures en personne et 4 heures d'activités supplémentaires - telles que des visites dans d'autres institutions pour échanger des expériences, la planification et d'autres activités. Les conseillers d'études remplissent leurs heures en apportant un soutien pédagogique. Dans son plan d'action, le secrétariat municipal à l'éducation a prévu des visites dans les bureaux régionaux de l'éducation au moins deux fois par mois, afin que nous puissions contrôler l'applicabilité des conseils donnés dans les cours de formation en termes de planification et de méthodologie d'enseignement dans la salle de classe, dans le but de contribuer à la réussite de nos étudiants.

Au cours de ces visites, les actions sont observées et enregistrées sur des instruments, de sorte qu'à la fin de la visite, les observations sont socialisées et les références nécessaires sont faites aux enseignants et aux gestionnaires. De la même manière, des réunions sont organisées avec les techniciens du département de l'éducation qui contrôlent chaque centre régional d'éducation, dans le but de mettre en place une gestion participative.

Au début des visites, nous avons noté certains points pertinents en rapport avec la pratique d'enseignement des participants à la recherche, que nous devons observer, ainsi que des changements dans les mêmes points pertinents après le cinquième cours de formation. Voir le tableau ci-dessous :

1. l'interaction entre les étudiants et le contenu	Points pertinents	Oui	Non	En partie	Après la 5e formation	Oui	Non	En partie
	- Les activités et les problèmes proposés sont-ils stimulants et utiles pour tous les élèves ou étaient-ils trop faciles pour certains et trop difficiles pour d'autres ?	07	04	19	-	07	-	23
	- Há la reprise des connaissances travaillées lors des cours précédents comme point de départ pour faciliter les nouveaux apprentissages, ou les activités ne font-elles que mettre en jeu ce que la classe sait déjà ?	04	11	15	-	09	06	15
	- L'enseignant sélectionne-t-il et organise-t-il le contenu d'une manière qui favorise un apprentissage significatif pour les étudiants ?	13	04	13	-	16	-	17
	- Les élèves participent-ils en classe, en interagissant activement dans les activités proposées ?	10	02	18	-	16	02	11

	Points pertinents	Oui	Non	En partie	Après la 5e formation	Oui	Non	En partie
2. La position pédagogique de l'enseignant	- L'enseignant utilise-t-il des techniques/stratégies ciblées dans le cadre de la formation continue ?	13	08	09	-	17	3	10
	- L'enseignant utilise-t-il une méthodologie qui implique tous les élèves ?	07	06	17	-	11	03	16
3. Préparation et planification des cours	Points pertinents	Oui	Non	En partie	Après la 5e formation	Oui	Non	En partie
	- Les progrès et les difficultés des élèves perçus par l'enseignant favorisent-ils la "replanification" des actions didactiques et pédagogiques ?	13	08	09	-	17	03	16
4. Matériel utilisé	Points pertinents	Oui	Non	En partie	Après la 5e formation	Oui	Non	En partie
	- L'enseignant utilise-t-il des matériaux différents ?	14	08	08	-	17	03	10
	- La quantité de matériel utilisé est-elle suffisante pour la pratique de l'enseignement ?	13	-	17	-	16	-	14
5. Présentation du contenu	Points pertinents	Oui	Non	En partie	Après la 5e formation	Oui	Non	En partie
	- Est-ce la concentration des élèves pendant l'exposition du contenu ?	09	08	13	-	13	07	10
	- Utilisez-vous des gestes modérés qui correspondent à votre discours ?	11	04	15	-	15	04	11
	- Utilisez votre voix correctement.	11	04	15	-	15	04	11

Les rencontres en face à face sont structurées de la manière suivante : présentation des objectifs du carnet en question, associés au thème choisi des neurosciences. Lecture de la mémoire de la formation précédente, rappel de ce qui a été travaillé dans la formation précédente. Exploration du contenu à travers des *diapositives*, des vidéos, des dynamiques, des moments d'étude en groupe, l'échange d'expériences, la présentation de travaux et la démonstration de leçons réussies, ainsi que la préparation de projets didactiques avec des séquences didactiques et la réalisation de jeux liés aux droits d'apprentissage.

Il est entendu que le parcours de l'information sensorielle jusqu'au cerveau se fait par le biais de connexions nerveuses accélérées et dynamiques, grâce à l'intégration de trois systèmes essentiels à l'acquisition des connaissances par l'apprenant. Le premier élément est le système d'information, le deuxième est la compréhension du système biologique et le troisième se réfère à la cybernétique, qui est liée à notre vie quotidienne, construisant ainsi un réseau de connectivité.

En comprenant le fonctionnement du système nerveux central, les enseignants peuvent articuler leur pratique pédagogique, en réfléchissant au développement des schémas mentaux et à l'évolution de leurs élèves. Ils peuvent ainsi intervenir dans diverses difficultés d'apprentissage, en cherchant à atténuer ou à remédier à d'éventuels obstacles dans le processus d'enseignement et d'apprentissage. Comprendre que les concepts acquis par les neurosciences peuvent contribuer à l'essor de l'éducation, en visant la qualité et des résultats favorables pour ses étudiants.

2.1 - L'IMPORTANCE DE LA CONNAISSANCE DES NEUROSCIENCES POUR LA FORMATION DES ÉDUCATEURS

Les neuroscientifiques, les psychologues et les pédagogues analysent si ces connaissances constituent un élément important dans la situation actuelle de l'enseignement et de l'apprentissage, car les neurosciences appliquées à l'éducation ne visent pas à élaborer une nouvelle théorie scientifique de l'éducation, mais à comprendre scientifiquement l'éducation.

Cosenza fait part de son expérience pratique dans l'organisation de cours sur les aspects des neurosciences liés aux processus d'apprentissage et à l'éducation :

Les éducateurs, enseignants et parents, mais aussi les psychologues, neurologues et psychiatres sont en quelque sorte les personnes qui travaillent le plus avec le cerveau. Plutôt que d'intervenir lorsqu'il ne fonctionne pas correctement, les éducateurs contribuent à l'organisation du système nerveux de l'apprenant et, par conséquent, aux comportements qu'il aura tout au long de sa vie. Et c'est là une tâche d'une grande responsabilité ! Il est donc curieux qu'ils ne sachent pas comment fonctionne le cerveau (COSENZA, 2011, p. 7).

Nous comprenons la nécessité pour les enseignants de rechercher des connaissances sur le fonctionnement du cerveau et de stimuler ses connexions, sachant que le cerveau se modifie à chaque nouvelle expérience, améliorant ainsi le raisonnement et la capacité de mémorisation. Par conséquent, la plasticité est la capacité du cerveau à modifier le fonctionnement du système perceptif et moteur en fonction des transformations de l'environnement. En tant que tel, le cerveau n'a pas de limites, il ne perd jamais sa capacité à changer. Par conséquent, en permettant d'autres connexions cérébrales, en utilisant des méthodologies différentes, en explorant les connaissances antérieures et en déterminant les relations entre les nouveaux contenus, l'éducateur contribuera à un apprentissage satisfaisant et à la construction de mémoires solides.

Morris et Fillenz (2003) font remarquer que l'état émotionnel peut influencer l'efficacité de l'apprentissage, puisque nous sommes plus enclins à nous souvenir de faits associés à des expériences agréables, pénibles ou malheureuses. Nous nous souvenons également plus attentivement des faits lorsque nous sommes attentifs. Le système nerveux central fait preuve de plasticité neuronale (*synaptogenèse*), mais une grande cohérence synaptique n'est pas synonyme d'une meilleure capacité d'apprentissage. Les élèves doivent se sentir impliqués dans les actions et coresponsables des activités scolaires, en comprenant que les sujets sur lesquels ils travaillent sont essentiels à leur vie.

Il est nécessaire de repenser les actions dirigées par l'éducateur dans le processus d'enseignement et d'apprentissage, car l'acte d'étudier doit être planifié. L'apprentissage se fait par le développement d'idées organisées. Lorsque l'éducateur guide, suggère, rappelle et félicite, il contribue à la structuration des connaissances. L'intelligence ne vient pas de l'accumulation de contenus, mais de leur organisation.

Il convient de souligner que l'enseignant est le stimulateur de la construction des connaissances, qu'il amène l'élève à expérimenter des actions quotidiennes de résolution de problèmes, d'analyse et de proposition d'hypothèses, ce qui lui permet de jouer un rôle de premier plan dans les tâches qui lui sont confiées. C'est ainsi que l'on peut garantir un apprentissage significatif. Nous connaissons l'importance du questionnement lors de la réalisation des activités proposées à l'élève, l'encourageant à réfléchir sur ses actions et à développer le processus d'internalisation du contenu appris. Dans ce processus, les étudiants récupèrent leurs connaissances antérieures et les intègrent à de nouvelles informations, réorganisant ainsi leur apprentissage en de nouveaux concepts scientifiques. Les connaissances neuroscientifiques peuvent influencer efficacement la construction de l'apprentissage. Les circuits neuronaux peuvent être renforcés par des pratiques pédagogiques.

CHAPITRE II

3 - L'APPLICABILITÉ DES NEUROSCIENCES DANS LA FORMATION DES ENSEIGNANTS PAR LE BIAIS DU PNAIC DANS LA MUNICIPALITÉ DE QUIXADA

L'objectif principal du département municipal de l'éducation de Quixadà est de développer des politiques éducatives qui garantissent et mettent en œuvre des actions visant à la qualité de l'éducation, en se concentrant sur les processus d'enseignement et d'apprentissage. Dans le plan d'action de la direction du développement pédagogique, dont je fais partie en tant que responsable de la coordination du développement pédagogique de l'école primaire I, il est prévu de promouvoir la formation continue des enseignants, dans le but d'améliorer l'action pédagogique afin d'optimiser le processus d'apprentissage, d'encourager la participation effective des enseignants aux réunions et d'indiquer les références bibliographiques contribuant à leur formation continue.

Sur la base de cette politique éducative, le projet *Neuroscience in Teacher Training* a été créé pour renforcer la gestion de l'enseignement par le biais d'actions visant à améliorer les pratiques efficaces en classe. Les professeurs d'alphabétisation qui ont participé à cette recherche dans la municipalité de Quixadà ont reçu une proposition lors de leur premier cours de formation pour développer des cours de formation différenciés, où nous explorerions les connaissances en neurosciences associées au contenu que nous allions étudier. La proposition a plu à tout le monde et un programme de formation semi-ouvert a donc été présenté, contenant quelques sujets que nous pourrions étudier et demandant des suggestions. Au cours du débat, nous nous sommes mis d'accord sur certains sujets considérés comme essentiels pour la formation des enseignants.

Le sujet le plus discuté était lié aux principes directeurs des neurosciences pour l'éducation, et nous avons donc construit ensemble le calendrier final de la formation, en comprenant ce qui est décrit dans le travail de Cosenza et Guerra (2011). Selon ces auteurs, l'utilisation de différents canaux d'accès au système nerveux central et de traitement de l'information fait la différence, et le processus d'élaboration, de répétition et de consolidation doit être respecté, de sorte que les stratégies d'enseignement ont plus de chances de réussir, car elles prendront en compte le mode d'apprentissage du cerveau.

L'intégration de la communauté des neuroscientifiques avec les enseignants doit se faire dans les deux sens, en prenant part aux conflits générés dans la communauté scolaire. Afin de développer des moments de recherche et d'étude permettant d'analyser les conséquences positives ou négatives de certaines interventions pédagogiques par rapport au fonctionnement neuronal. À partir de ce moment, des stratégies ont été planifiées, basées sur l'intégration du contenu des livres d'étude du PNAIC avec les connaissances neuroscientifiques, en intensifiant la compréhension des sujets abordés et en combattant la résistance à leur application de la part de certains éducateurs qui composent le réseau éducatif municipal parce qu'ils ne croient pas en leurs effets.

Au cours des sessions de formation, nous avons développé des dynamiques d'accueil autour de la socialisation et de la création de liens, qui ont pu être adaptées aux élèves, comme la dynamique des ballons, qui a exploré la lecture partagée des textes fragmentés qui se trouvaient à l'intérieur des ballons, après le jeu consistant à éclater le ballon d'un collègue. En plus de la dynamique du changement, les enseignants se mettent par deux, l'un devant l'autre, et observent leur collègue pendant quelques secondes. Comme guide d'étude, je rapportais les commandes, où nous leur demandions d'abord de se retourner et, sans que l'autre personne s'en rende compte, de développer une action qui changerait leurs caractéristiques à ce moment-là, de sorte que lorsque la commande de retour était donnée, le collègue découvrait ce qui avait été changé, chaque tour augmentant le nombre d'actions qui devaient être changées et, par conséquent, changeant le degré de difficulté. Cette dynamique a développé des moments de réflexion sur les difficultés qu'ont les êtres humains à modifier des actions issues de cultures anciennes, face à de nouvelles conceptions qui nécessitent souvent un regard particulier et une acceptabilité pour que tout ce qui est appris soit effectivement pratiqué.

La plasticité cérébrale nécessite des stimuli environnementaux et des expériences de vie. Ces interventions influencent la plasticité neuronale et l'apprentissage, les changements plastiques étant la manière dont nous apprenons (cf. ROTTA, 2006).

La manière de penser est déterminée par des facteurs essentiels du contexte social dans lequel l'apprenant évolue à travers sa propre histoire. Les capacités cognitives humaines et les modes de structuration de la pensée sont le résultat d'actions menées conformément aux coutumes sociales de la culture dans laquelle le sujet se développe (cf. VYGOTSKY, 2000).

Dans les études couvertes, nous présentons *des diapositives* sur les objectifs de l'unité, en explorant la compréhension du sujet à travailler et en approfondissant les connaissances à travers des dynamiques, des vidéos, des débats, des études de groupe et des espaces interdisciplinaires avec d'autres domaines de connaissance, ainsi que des présentations de travaux et l'échange d'expériences réussies d'activités développées en classe.

Les réunions ont permis d'apprendre beaucoup, par exemple : dans le thème sur le *jeu*, intitulé "Jouons à réinventer des histoires", qui a eu lieu après quelques sessions de formation en 2013, il a été possible d'appliquer les connaissances apprises jusqu'à présent et d'analyser l'acquisition de connaissances dans d'autres domaines qui influencent le processus d'apprentissage. Dans cette action, les enseignants étaient motivés et le niveau d'acceptation avait augmenté parmi ceux qui ne croyaient pas au programme. Nous avons remarqué qu'à mesure qu'ils acquéraient de nouvelles connaissances, ils participaient déjà avec enthousiasme.

Au début de la session de formation, nous les avons accueillis avec une vidéo de bienvenue et une prière spontanée. Nous avons exploré la lecture de mémoire, en réfléchissant sur les contenus abordés, en revisitant le thème "Appropriation du système d'écriture alphabétique et consolidation du processus d'alphabétisation", en associant l'apprentissage et la mémoire, ce qui a été discuté lors de la session de formation précédente dans l'espace réservé à l'interdisciplinarité avec un autre domaine de connaissance (neurosciences), ainsi qu'en rappelant la leçon vidéo "Recette pour apprendre mieux et plus vite : la répétition intelligente !". Le thème a mis en évidence l'importance pour l'éducateur d'amener l'élève à réfléchir sur le sujet, en développant des activités qui activeront les différentes connexions cérébrales.

Les interactions de l'individu avec l'environnement entraînent des transformations synaptiques et l'apparition de nouvelles synapses en intensifiant les connexions neuronales avec les activités utiles. En revanche, les connexions synaptiques peu utilisées s'affaiblissent ou disparaissent. La sélection des connexions qui seront conservées et renforcées dépend des stimuli que reçoit le cerveau. L'apprentissage, la mémoire, la cognition et l'enseignement sont liés et confèrent aux activités essentielles qui se déroulent dans l'institution scolaire (cf. MORRIS ; FILLENZ, 2003). Ceci est confirmé par Cosenza & Guerra :

Le monde moderne est très différent de celui dans lequel notre cerveau a évolué. Aujourd'hui, il n'y a pas toujours un environnement suffisamment structuré pour le développement des fonctions exécutives. C'est un problème dont il faut tenir compte si nous voulons vraiment éduquer nos jeunes à une vie utile et heureuse (COSENZA ; GUERRA, 2011, p. 98).

Nous savons que le système cérébral est prêt à apprendre ce qu'il considère comme important. Il est donc nécessaire d'être sélectif dans les informations que nous voulons traiter, en analysant leur pertinence, tout en sachant que la mémoire à court terme n'est pas toujours en mesure de traiter tout ce qui lui est demandé. Dans certains cas, il est nécessaire de limiter les stimuli et de privilégier l'information à apprendre.

Afin d'intensifier la compréhension de l'importance du développement des actions apprises dans le PNAIC, des *diapositives* ont été présentées avec les objectifs de l'unité, explorant la compréhension du sujet travaillé : l'importance du jeu, associée aux principes des neurosciences en tant qu'application potentielle dans l'environnement de la classe, ce qui a conduit à une réflexion sur la conception d'Assmann (2001), qui vise à transmettre à l'éducation la compréhension de l'apprentissage en tant que jonction structurelle impliquant une nouvelle conception de l'apprentissage, qui est basée sur le fait que les expériences d'apprentissage dans les contextes pédagogiques donnent lieu à des changements dans la structure de la matière. Les expériences en classe provoquent des réflexions significatives sur les pensées, les sentiments et les actions, ce qui permet d'acquérir l'apprentissage en tant que processus de reconstruction, impliquant l'auto-organisation mentale et émotionnelle des personnes connectées dans ce contexte.

Au cours de cette session de formation, nous avons joué à réinventer l'histoire du "Petit Chaperon Rouge". Nous avons créé un grand cercle où nous avons commencé à raconter l'histoire, et deux enseignants ont brandi des pancartes avec différents mots, qu'ils ont introduits dans le contexte de la nouvelle histoire au fur et à mesure qu'ils étaient présentés, en observant leur cohérence. Ce fut un moment vivant et satisfaisant, car nous avons approfondi le thème et la construction d'une nouvelle histoire a eu lieu.

Selon Posner et Raichle (2001), les systèmes cognitifs sont liés aux opérations mentales qui permettent de réaliser les activités humaines quotidiennes, telles que lire, écrire, parler et planifier. Le système cognitif du langage, par exemple, implique de parler, de lire et d'écrire, ce qui active différentes structures cérébrales. Selon Moraes (2004), l'apprentissage progresse à travers des mouvements dynamiques d'échanges, d'analyses et de synthèses autorégulées de plus en plus complexes, dépassant le volume d'informations et se refaisant, par transformation, au moyen de changements structurels découlant d'actions et d'interactions.

La mémoire est responsable du stockage des informations, ainsi que de la recherche de ce qui est stocké. L'apprentissage requiert des compétences permettant de traiter de manière organisée de nouvelles informations ou des informations déjà stockées dans le cerveau, afin de réaliser de nouvelles actions (cf. POSNER ; RAICHLE, 2001).

En 2014, les cours de formation ont été riches en nouveautés, le PNAIC ayant introduit l'importance de lier les mathématiques à la langue, en montrant la nécessité pour les enfants de produire leur propre matériel pédagogique et de jouer à des jeux.

Les sessions de formation ont donc été planifiées à l'aide de jeux, en explorant leurs objectifs, en les associant aux droits d'apprentissage et aux descripteurs d'évaluation.

Lors des réunions, nous avons travaillé sur la construction du système de *numération* décimale et de la géométrie, qui ont été associés à des questions neuroscientifiques illustrant l'apprentissage significatif et les principes des neurosciences en tant qu'application potentielle dans l'environnement de la salle de classe. La technologie de la neuro-imagerie a donné des résultats surprenants dans l'interprétation de l'anatomie et du fonctionnement du cerveau humain. Ces avancées encouragent la recherche des résultats de son application dans l'éducation, pour comprendre comment le cerveau apprend, déterminant un nouveau paradigme dans les pratiques éducatives. Comprendre comment les êtres humains apprennent est essentiel pour les éducateurs, car il s'agit d'un sujet essentiel pour leur formation académique initiale et continue, car il leur permet de jouer un rôle clé dans l'éducation. On s'interroge beaucoup sur la manière dont les gens apprennent, mais peu sur la manière dont ils sont enseignés.

C'est pourquoi les jeux utilisés lors de ces rencontres ont été : " banque d'or ", visant à comprendre les caractéristiques du système décimal, à partir de groupements de 10 en 10, nous avons développé les regroupements et les échanges ; le " jeu de dominos ", qui a exploré la conscience spatiale et les opérations d'addition et de soustraction, ils devaient emboîter les pièces sur le plateau de manière à ce que les latéralités donnent les mêmes quantités déterminées par le conducteur des règles ; le " tangram ", un puzzle composé de sept pièces aux formes géométriques bien connues, ces pièces permettent de composer des figures de plusieurs manières. Ce dernier jeu peut être développé pour atteindre différents objectifs, tels que : composer et décomposer des figures ; identifier des formes géométriques ; mettre en relation des éléments d'une figure ; illustrer des histoires, entre autres. Le défi consistait à commencer à jouer, en utilisant toujours sept pièces pour chaque figure, en ne formant initialement que des figures plates, sans chevauchement des pièces, et en présentant la figure par le biais d'un genre textuel, dans le but de développer la communication.

Un autre jeu est le "jeu du mot de passe", dont les règles sont les suivantes : le guide d'étude, qui est le challenger, cache certains mots et propose à l'autre personne de les découvrir. Les participants jouent en recevant du challenger des informations correspondant aux mots secrets. Le jeu se termine lorsque la réponse du participant correspond à ce que le challenger a caché. Cette activité a des implications telles que :

elle stimule la déduction et l'inférence ; elle travaille sur la construction et la vérification d'hypothèses ; elle ressemble à l'interprétation d'un texte et permet la coopération.

Dans les deux premiers jeux, nous avons travaillé sur le raisonnement logique et le calcul mental (addition et soustraction). Outre ces activités, plusieurs dynamiques ont été appliquées, notamment la construction d'une histoire à partir d'une banque de mots tirés d'un texte choisi par le responsable de l'étude sur l'histoire de la géométrie. À l'insu des enseignants, ces mots devaient être inclus dans le contexte du type et du genre de texte que les enseignants avaient choisi. L'objectif de cette activité était d'amener les enseignants à associer des concepts mathématiques au langage.

Selon Vygotsky (2000), un concept ne peut être réalisé que lorsque le développement mental du sujet a atteint le niveau nécessaire. Sachant qu'un concept est un acte de pensée légitime et complexe qui ne peut être enseigné par la seule répétition incessante.

Il s'agit de quelque chose qui va au-delà de certains liens associatifs établis par la mémoire ; c'est plus qu'une simple pratique mentale. L'élargissement des concepts nécessite le développement de nombreuses fonctions cognitives : mémoire cohérente, abstraction, capacité à assimiler et à distinguer, entre autres. Ces processus mentaux complexes ne peuvent être dirigés par les seuls apprentissages initiaux. Les concepts ne peuvent pas être enseignés directement, ce qui est confirmé par l'expérience pratique.

Les formations sont également développées avec des présentations de diverses vidéos qui ont intensifié la relation entre les neurosciences et l'éducation avec des activités hors classe, toujours destinées à l'élaboration de projets ou de plans de cours avec des objectifs didactiques, associant les droits d'apprentissage à leur applicabilité enregistrée dans des photos ou des peintures murales, favorisant ainsi l'échange d'expériences. Il est important de comprendre comment l'enseignement peut conduire au développement de compétences intellectuelles, à travers la formation de concepts et le développement du raisonnement théorique, ainsi que les ressources grâce auxquelles les étudiants peuvent améliorer et renforcer leur apprentissage.

Afin de garantir un apprentissage efficace, il est nécessaire d'avoir une pratique pédagogique qui prenne en compte les fonctions cérébrales, en motivant l'implication de l'apprenant avec l'enseignant et le contenu (cf. ALVAREZ, 2006).

3.1 - EXPÉRIENCES RÉUSSIES.

La formation des enseignants donne lieu à une variété d'études et de réflexions, cherchant des réponses sur la façon de développer l'enseignement de manière différenciée, qualitative et orientée vers l'apprenant. Tout au long de la formation, nous avons construit de nouvelles connaissances basées sur les livres d'étude du PNAIC avec quelques provocations liées aux neurosciences, telles que : Quel est le but de la mémoire dans le processus d'apprentissage ? Pourquoi nous souvenons-nous de certaines choses et en oublions-nous d'autres ? Lequel des sens interfère le plus dans l'acquisition de l'apprentissage ? Peut-on apprendre plusieurs choses en même temps ? Chacun apprend-il de la même manière ou différemment ? Ces réflexions nous permettent d'élaborer des stratégies pour faire face aux situations que nous rencontrons en classe, telles que le manque d'attention, les difficultés dans le processus d'enseignement et d'apprentissage, la mauvaise assimilation, l'incompréhension, entre autres angoisses.

Au cours de la formation, nous avons pu comprendre ce qu'il est important d'assimiler de différentes manières, en utilisant différents langages, des images, de l'humour, de l'art, du dessin, en pratiquant la narration pour créer les conditions nécessaires à l'apprentissage de nos élèves.

Selon Philippe Perrenoud (2001), il ne faut pas se contenter d'une liste de compétences, il faut une dimension plus large, pour que les éducateurs ne soient pas seulement des techniciens. En d'autres termes, ce qui serait intéressant, c'est une dimension capable de réfléchir, d'apprendre sans cesse à partir de l'expérience, de transformer et de construire des connaissances au cours du parcours professionnel.

Dans les activités supplémentaires, nous avons guidé la production de projets didactiques interdisciplinaires avec diverses composantes curriculaires, en tenant compte du contextc social de chaque élève, ainsi que des séquences didactiques avec des objectifs clairs, avec un suivi individuel des compétences développées dans le processus d'apprentissage, en remplissant des outils qui ont aidé dans les interventions. Nous savons que ce processus n'est pas facile, mais ces activités ont été développées de manière satisfaisante, et nous avons eu l'honneur de présenter ces actions lors des sessions de formation, ainsi que d'avoir le plaisir de suivre leur processus dans la salle de classe. Des progrès ont été réalisés grâce à l'échange d'expériences et à l'acquisition de nouvelles connaissances, ce qui a conduit à des leçons réussies et à des progrès dans l'apprentissage de nos élèves.

Des actions riches ont favorisé un apprentissage significatif, comme la dictée interactive de mots contextualisés, la réflexion sur les normes et les règles de la langue portugaise, basée sur le besoin de la classe de comprendre les mots réguliers, et le développement de jeux d'orthographe, stimulant l'apprentissage des mots irréguliers, qui doivent être appris d'une manière différente parce qu'il n'y a pas de règles pour les écrire. Ces activités ont également été renforcées par l'utilisation de jeux éducatifs.

A la fin de ces activités, nous avons observé la participation active de tous les élèves, ainsi que leur satisfaction, étant donné qu'ils ont cherché à apprendre et ont aidé ceux qui ont montré des difficultés lors des évaluations procédurales, et ont également vérifié les progrès liés aux compétences curriculaires. Sur la base de leurs réflexions sur les thèmes liés à l'alphabétisation, les enseignants ont réalisé qu'en plus de leur propre médiation, les élèves ont besoin de comprendre le fonctionnement des sons et des lettres. Ils ont donc développé des activités et utilisé des jeux pour consolider la conscience phonologique.

Nos enseignants ont travaillé avec différents genres textuels qui circulent dans la société (nouvelles, histoires courtes, chansons, poèmes, lettres, recettes, publicités, textes informatifs, entre autres, en explorant diverses activités telles que les mots croisés, les devinettes, les recherches de mots, les brouillages de lettres, etc.) Ils ont lu des histoires courtes, explorant la prédiction et l'interprétation, stimulant la perception visuelle et auditive, travaillant sur la narration orale, ainsi qu'explorant la compréhension à travers des dessins, des dramatisations, la formation de phrases et la production de mots, éveillant de nouvelles découvertes. Les élèves qui ont fait preuve d'autonomie et de confiance ont été encouragés à produire des textes dans des contextes variés. Les enseignants ont également exploré les productions incomplètes et organisé les textes qui avaient été explorés.

Les actions prévues pour l'enseignement visaient à stimuler le développement des fonctions exécutives, dans le but d'éveiller chez les élèves leur capacité à identifier et à analyser les erreurs, à vérifier les divergences et à observer l'absence de logique, les rendant ainsi capables de corriger leurs propres lacunes dans différentes matières académiques (cf. COSENZA ; GUERRA, 2011).

Les neurosciences ont développé leurs études afin de comprendre l'activité cérébrale et les processus cognitifs, après avoir observé que l'apprentissage humain ne résulte pas d'une simple accumulation de données perceptives, mais plutôt de la mise en relation et de la construction d'informations provenant des perceptions dans le cerveau. Le sujet, qui cherche sans cesse des réponses à ses conceptions, pensées et actions, voit ses processus neuronaux en réorganisation continue et ses schémas de connexion modifiés en permanence, par des processus d'enrichissement ou d'affaiblissement des synapses (cf. LENT, 2001).

Dans l'éducation d'aujourd'hui, chaque jeu a sa particularité et sa capacité à développer le sujet, car l'approche différenciée du jeu prouve l'importance de cet acte. Cette attention portée aux actions du jeu joue un rôle important pour favoriser l'apprentissage et aider à intervenir de manière constructive dans ce processus. Lorsque les enfants jouent à des puzzles, par exemple, ils développent une discrimination visuelle et perceptive, et lorsqu'ils jouent avec des marionnettes en boîte, ils travaillent leur langage oral, leur coordination manuelle et apprennent à se situer et à dramatiser. Ce ne sont que deux jeux qui illustrent la capacité d'apprentissage du jeu, car lorsque les enfants jouent, ils révèlent leurs structures mentales, leurs sentiments et leurs pensées, en d'autres termes, leurs niveaux de maturité cognitive, affective et sociale sont mis en évidence.

L'utilisation de jouets, de jeux et de matériel pédagogique est devenue un outil indispensable dans la pratique pédagogique, car ils répondent aux besoins fondamentaux de l'élève, en partant de ce qu'il sait déjà et en poursuivant son apprentissage. Lorsque les enfants jouent, ils apprennent. Cela est dû à la spontanéité de leurs actions et à la possibilité de montrer ce qu'ils savent et ce qu'ils ne savent pas. Ils n'ont pas peur de faire des erreurs, parce qu'ils jouent et qu'il est donc possible d'apprendre à partir des erreurs.

Nous avons eu l'occasion d'assister au développement de certaines de ces activités, tandis que d'autres ont été observées à travers les résultats présentés dans le processus d'apprentissage et l'échange d'expériences. Ces cours de formation ont été satisfaisants parce que leur contribution offre des bases théoriques et des stratégies méthodologiques qui permettent à nos étudiants d'apprendre de manière significative, contribuant ainsi à une éducation de qualité. Cela se traduit par un changement de stratégies dans la pratique pédagogique de nos éducateurs, ainsi que par l'application de projets et de séquences didactiques interdisciplinaires dans les différentes composantes du programme, garantissant ainsi le droit d'apprendre. Les éducateurs réalisent l'importance d'amener les élèves à réfléchir sur le sujet étudié, en développant des activités qui activeront différentes connexions cérébrales, en reliant des points qui peuvent contribuer à la mémoire à long terme, en sachant que les compétences du programme peuvent être travaillées de différentes manières et doivent être explorées de différentes manières, encore et encore, afin que le processus d'assimilation, d'accommodation et d'équilibrage se produise. Un exemple de cette compréhension est le projet mené par le Centre éducatif régional de Quixadà, qui a utilisé la chanson pour enfants "Dona Aranha" pour développer une séquence didactique et l'a contextualisée dans diverses activités, approfondissant la connaissance des compétences travaillées, systématisant et explorant de nouveaux concepts, ainsi que des leçons réussies qui ont laissé une impression agréable sur les élèves, comme en témoignent leurs rapports lors des visites de classe. Voici un exemple de leçon significative développée par une enseignante multidisciplinaire de l'école régionale Vàrzea da Onça, dans la municipalité de Quixadà, qui participe au programme de formation PNAIC depuis 2013. Elle a travaillé sur l'interprétation et la construction d'informations dans des

36

tableaux et des graphiques, en faisant comprendre aux élèves que cette compétence pouvait être appliquée à n'importe quelle situation quotidienne qu'ils pourraient rencontrer avec leurs camarades de classe. L'enseignante a utilisé divers matériels et jouets disponibles à l'école. Elle a encouragé les élèves à collecter des données, à vérifier ces informations en organisant des activités et à comprendre les données par le biais d'entretiens.

Pendant le goûter, l'enseignante a proposé un débat sur ce moment, en posant une série de questions rapides, a présenté ses interrogations et a ensuite commencé l'entretien. Comme le nombre d'élèves était réduit et qu'ils étaient de classes différentes, les élèves de première année ont été invités à interviewer les élèves de deuxième année et vice versa. Une fois l'entretien terminé, ils ont dressé un tableau sur leur collation préférée et un vote a été proposé pour organiser les données nécessaires à la construction du graphique, après quoi ils ont été interrogés sur les informations qu'ils avaient recueillies. Le graphique a été réalisé en classe avec les étudiants qui ont collaboré pas à pas en introduisant dans le tableau les données et les informations obtenues.

Voici les tableaux :

REPAS SCOLAIRES	NOMBRE D'ÉTUDIANTS
SOPA	04
PORRIDGE AVEC BOULETTES	02
CHOCOLAT AVEC BISCUIT	03
RIZ AU POULET	05
JUS DE FRUITS AVEC PAIN DE VIANDE	06

LANCHE PREFERIDO PELOS ALUNOS

	SOPA	MINGAU C/ BOLINHO	ACHOCOLATADO C/ BISCOITO	ARROZ C/ FRANGO	SUCO C/ PÃO DE CARNE
Valor	4	2	1	5	4

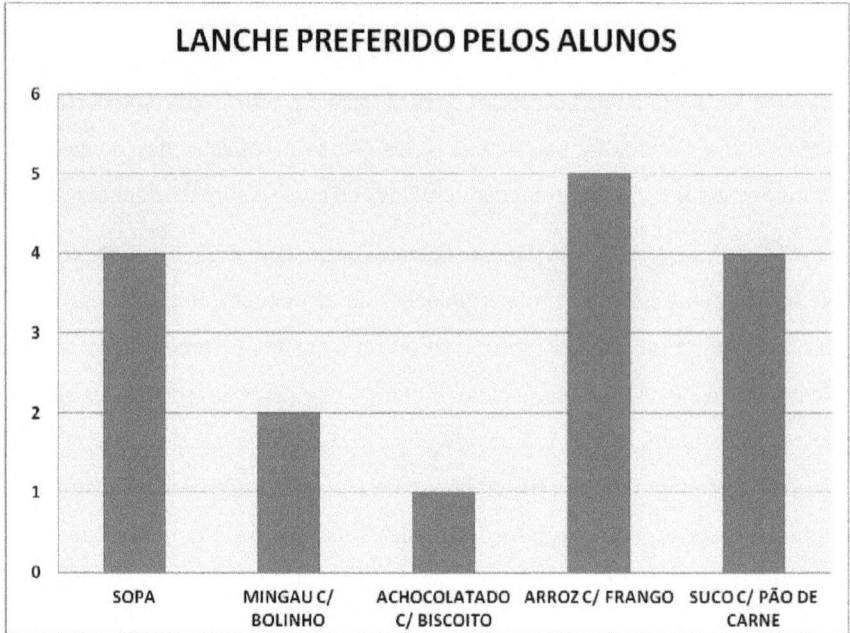

Sur la base de cette étude de cas, nous pouvons constater que les cours de formation du PNAIC sont productifs, que divers débats ont lieu et que, lors de la dernière réunion, nous avons fait remarquer que l'école est avant tout un lieu où les gens se réunissent pour enseigner et apprendre. Sur la base des études et des recherches que nous avons menées pendant les cours de formation, nous nous rendons compte que nous avons besoin d'une méthodologie d'enseignement qui crée les conditions pour que les étudiants avancent dans leur processus d'apprentissage, en garantissant leur droit d'apprendre, et d'apprendre avec qualité. La coordinatrice du PAIC/PNAIC pour la municipalité de Quixadà, Rosangela de Almeida Rocha, a assisté à cette réunion et a déclaré : "*Je suis heureuse de voir dans les yeux de nos enseignants une soif d'apprendre, une volonté de resignifier certains concepts, et cette vision a été confirmée lors de visites dans les bureaux régionaux de l'éducation pour changer les pratiques d'enseignement*". Ce rapport a été présenté à plusieurs occasions importantes, telles que les séminaires nationaux, où la municipalité a été présentée dans des projets sélectionnés avec des expériences réussies, à la fois grâce à nos actions en tant que guides d'étude et grâce aux enseignants.

4 CONCLUSION

Sur la base de la recherche et du développement du projet, on peut constater que la réflexion sur "l'éducation de qualité" nécessite de comprendre comment le processus d'apprentissage se déroule dans le cerveau et la pertinence de cette connaissance de la part des éducateurs, car l'objectif de l'éducation n'est atteint que s'il y a apprentissage, sachant que ce processus se déroule dans tous les contextes sociaux. Cependant, c'est dans l'institution scolaire que les connaissances académiques sont développées, l'enseignant étant le médiateur de ce processus.

Sur la base des neurosciences, on sait que l'apprentissage n'a lieu que parce que le système nerveux central possède la plasticité nécessaire pour se transformer, se réorganiser face aux stimuli et s'adapter. Dès lors, il faut comprendre le concept d'étude, qui n'est rien d'autre qu'un comportement appris, car il ne s'agit pas seulement de comprendre une information, mais avant tout de savoir l'organiser. C'est ainsi que les enseignants peuvent agir de manière innovante, en permettant aux élèves de développer leurs propres capacités d'étude, facilitant ainsi l'acquisition de nouvelles connaissances.

Grâce à leurs connaissances en neurosciences, les enseignants réalisent l'importance de pratiquer l'intelligence émotionnelle, en proposant des interventions pédagogiques significatives. Il est essentiel que les enseignants soient conscients que les structures cérébrales sont des interfaces pour l'apprentissage et qu'il s'agit toujours d'un domaine à explorer. Les enseignants charmants transforment l'information en connaissance et la connaissance en expérience. On sait que l'expérience est privilégiée dans les domaines de la mémoire, qui sont capables de transformer la personnalité. C'est pourquoi il est essentiel d'impliquer les informations qu'ils donnent dans l'expérience de la vie.

Les neurosciences ne suffisent pas à introduire de nouvelles méthodologies éducatives. Elles fournissent des raisons importantes et concrètes pour lesquelles certaines approches sont plus efficaces que d'autres. L'exploration des fondements de l'apprentissage à partir des neurosciences peut contribuer de manière satisfaisante à répondre à certaines questions, telles que : garantir le succès d'un programme d'études compatible avec le développement du cerveau ; transformer les connaissances obtenues en recherches et en méthodes d'enseignement efficaces avec des scénarios réels ; améliorer l'enseignement des matières ; l'effet des nouvelles technologies sur les performances scolaires. L'éducateur est le professionnel qui peut avoir le plus grand impact sur le système éducatif actuel et dont on attend beaucoup.

Selon les neurosciences, la mémoire et l'apprentissage sont des phases différentes d'un même mécanisme progressif et continu. S'il n'y a pas de mémoire, l'apprentissage est improbable et s'il n'y a pas d'apprentissage, il n'y a pas de mémoire. L'apprentissage, la mémoire et l'émotion sont liés lorsqu'ils sont stimulés par les procédures d'acquisition des connaissances. Le défi pour l'éducation n'est pas seulement de savoir comment enseigner ou comment évaluer, mais de présenter les connaissances sous une forme qui permette au cerveau d'apprendre au mieux. Dans l'apprentissage, qui est une fonction sociale, les élèves ont besoin d'occasions de présenter des arguments typiques dans un environnement calme qui les encourage à exprimer leurs sentiments et leurs idées. Chaque jour, dans les salles de classe, nous constatons un manque d'attention de la part de certains élèves, un manque de compréhension et une mauvaise assimilation, ce qui a provoqué l'angoisse de nombreux enseignants qui ne savent pas comment résoudre ces problèmes. Ce fait est observé par de nombreux éducateurs qui reprochent souvent à l'enfant ou à l'adolescent de ne pas apprendre, en le qualifiant de désintéressé, entre autres termes. Cependant, certains professionnels de l'éducation ne connaissent pas les sujets scientifiques qui peuvent contribuer à la compréhension de ces comportements, parce que le processus de formation académique n'a pas inclus plus de connaissances sur ce sujet.

L'éducateur joue un rôle fondamental dans la formation du sujet ; c'est pourquoi une mise à jour continue et une réflexion critique sur sa pratique et sa proposition pédagogique sont essentielles. Un certain nombre de découvertes scientifiques récentes sur l'esprit humain remettent en question certaines pratiques pédagogiques traditionnelles appliquées depuis des années et qui ne tiennent pas compte de l'évolution du cerveau et de son organisation. On sait que le développement de l'apprentissage se fait différemment chez chaque individu, il faut donc essayer de comprendre la manière d'apprendre de chacun, en analysant son processus, afin de créer des stratégies pédagogiques qui permettent à chacun d'apprendre de manière satisfaisante et de plus en plus efficace.

La recherche a montré qu'il est nécessaire d'investir davantage dans l'établissement d'un lien entre les connaissances pédagogiques et les neurosciences, car les enseignants doivent également connaître et comprendre l'influence des aspects biologiques et sociaux qui ont un impact sur l'apprentissage de leurs élèves, C'est à ce stade que la gestion participative fait toute la différence, car cette gestion s'efforce d'organiser les institutions et de mobiliser les professionnels pour améliorer la qualité de l'enseignement, en cherchant à répondre aux exigences actuelles du monde contemporain, à former des sujets réfléchis et critiques à l'égard du monde qui les entoure.

RÉFÉRENCES

ALVAREZ. A. ; LEMOS, I. C. **Os neurobiomecanismos do aprender :** a aplicação de con- ceitos no dia-a-dia escolar e terapêutèutico. Revista de Psicopedagogia, Sâo Paulo, v. 23, n. 71/2006.

ASSMANH, Hugo. **Réenchanter l'éducation :** vers une société cognitive. Petrópolis : Vozes, 2001.

Barros, R. B. (2001). **Le groupe : une** stratégie de formation. Dans : J. Brito, M. E. Barros, M. Y. Neves & M. Athayde (Orgs.), *Trabalhar na escola : só inventando o prazer*. Rio de Janeiro : Ed. IPUB.

Borrasca BJ. **Conocimiento profesional y buenas pràcticas en la educacion superior :** genesis y influencias mutuas entre los saberes disciplinares y pedagógicos Del profesorado universitario [thèse de doctorat]. Barcelone : Universitat de Barcelona ; 2008.

BLANK, M. ; ROSE, S. A. & BERLIN, L. J. (1978).**The language of learning :** the pre-school years. New York, Grune et Stratton.

CARVALHO, F. A. H. **Neuroscience et éducation :** une articulation nécessaire dans l'action pédagogique. In : Trabalho, Educaçâo e Saùde, Rio de Janeiro, v. 8 n. 3, p. 537-550, nov. 2010/feb. 2011.

CORDIOLLI, μ. Brasilia : Câmara dos Deputados, Ediçoes Câmara, 2011.106 p. - (Série açâo parlamentar ; n. 436). PFROMM, S. N. *Psicologia da aprendizagem e do ensino*. Sâo Paulo : EPU, 1987.

COSENZA, R. M ; GUERRA, L. B. *Neurociência e Educaçâo*. Porto Alegre : Artmed, 2011.

De-NARDIN, M. H. ; SORDI, R. O. **Une étude sur les formes d'attention en classe et leurs implications pour l'apprentissage.** Psychol. Soc. vol.19 no.1 Porto Alegre Jan./Apr. 2007- Recherche effectuée -02/03/2014 . http://dx.doi.org/10.1590/S0102-71822007000100014

Facci, M. G. D. (2004). *Valoriser ou vider le travail de l'enseignant ? Une étude critique et comparative de la théorie de l'enseignant réfléchi, du constructivisme et de la psychologie vygotskienne.* Campinas : Autores Associados.

FREIRE, P. *Pedagogia da Autonomia : saberes necessàrios à pràtica educativa.* [a]37 ed. Rio de Janeiro : Paz e Terra, 2008.

FENKER, D. ; SCHUTZE, H. (2008). Learning By Surprise. *Scientific American*. Publié le 17/12/2008. Recherche effectuée le 01/03/2014.

http://www.scientificamerican.com/article/learning-by-surprise/

FONSECA, V. D. **Cogniçao, neuropsicologia e aprendizagem** : abordagem neuropsicologia e psicopedagógica. 2.ed. Petrópolis, Rio de Janeiro : Vozes, 2008.

GADOTTI, M. **Boniteza de um sonho** : *ensinar-e-aprender com sentido.* Sao Paulo : Institut Paulo Freire, 2008.

GARDNER, H. **Structures de l'esprit** - La théorie des intelligences multiples. Porto Alegre : Artmed, 1994.

Gonçalves, M. A. **Sentir, pensar, agir** : *corporeidade e educaçao.* [a]11 ed. Campinas/SP : Papirus, 2010.

HARDIMAN, M. ; DENCKLA, M. B. (2009). *The Science of Education* : Informing Teaching and Learning through the Brain . Recherche effectuée - 24/02/2014 Sciences. http://www.dana.org/news/cerebrum/detail.aspx?id=23738 18.

http://portal.mec.gov.br/index.php?Itemid=86&id=231&option=com content&view=article Recherché le 08/08/2014

http://www.idadecerta.seduc.ce.gov.br/index.php/component/content/article/3-slider- main/433-paic-reduces-child-literacy-review- Enquête réalisée - 20/07/2014.

http://www.paic.seduc.ce.gov.br/Pesquisa Réalisé - 20/07/2014

valeurhttp://www.spaece.caedufjf.net/ Enquête réalisée - 20/07/2014

http://www.si3.ufc.br/sigaa/public/curso/curriculo.jsf;jsessionid=E6546E4B8981AD11C01C5 CA112E3A0D3.node147 Recherché le 08/08/2014.

http://www.uece.br/uece/index.php/graduacao/presenciais - recherche effectuée le 30/07/2014. http://www.uvanet.br/ - recherche effectuée le 30/07/2014.

KANDEL,E.R. ; SCHWARTZ, J. H. ; JESSEL, T. M. **Fundamentals of Neuroscience and Behaviour.** Trad. Par Charles A. Esbérard Mira de C. Engelhardt. Révisé par Charles A. Esbérard.1ère éd. Rio de Janeiro : Drewtice - Hall do Brasil, 1997.

KEOUGH, B. K. **Children's temperament and teachers' decisions**. In R. Porter & G. M. Collins (eds.), Temperamental differences in infants and Young children. Londres, Pitman, 1982.

LeDOUX, J. **Le cerveau émotionnel.** Rio de Janeiro : Objetiva, 2001.

LENT, Robert. **Cent milliards de neurones** : concepts fondamentaux des neurosciences. Sao Paulo : Atheneu, 2001.

LEPPER, M. R. ; SETHI, S. ; DIALDIN, D. ; DRAKE, M. **Intrinsic and extrinsic motivation** : a developmental perspective. In LUTHAR, S. S. ; BURACK, J. A. ; CICCHETTI, D. & WEISZ J. R.

(Orgs.) *Developmental psychopathology - perspectives on adjustment, risk, and disorder* (pp. 23-50). États-Unis : Cambridge University Press, 1997.

LIBÂNEO, J. C. **Didàtica e a Aprendizagem do Pensar e do Aprender :** a teoria histórico- cultural da atividade e a contribuição de Vasili Davydov. Revista Brasileira de Educaçâo 2004 ; 27:5-24.

LUCK, Heloisa. *La gestion de l'éducation : une question paradigmatique. 3* [a]ed. Sâo Paulo : Vozes, 1999.

OLIVEIRA, C. E. N. ; SALINA, M. E. ; ANNUNCIATO, N. F. **Environmental factors that influence CNS plasticity.** *Revista Acta Fisiàtrica,*2001. 8 (1) : 6-13.

PERRENOUD, Philippe. **Dix nouvelles compétences pour l'enseignement.** Porto Alegre : Artes Médicas, 2000.

MACHADO, Â. **Neuroanatomie fonctionnelle.** 2. ed. Sâo Paulo : Atheneu, 2004.

MALLOY-DINIZ , L. F. [et al.]. **Évaluation neuropsychologique** - Porto Alegre : Artmed. 2010. 432p.

MORAES, Maria Cândida ; TORRE, **Saturnino de la.** *Sentipensar* **:** fondamentaux et stratégies pour réenchanter l'éducation. Petrópolis : Vozes, 2004.

MORALES, R. *Éducation et neurosciences : une voie à double sens.* In : **Proceedings of the 28th ANPED Meeting,** Caxambu-MG, 2005.

MORRIS, R. ; FILLENZ, M. (eds) (2003). *Neuroscience : The Science of the Brain.* The British Neuroscience Association, The Sherrington Buildings. British Neuroscience Association et Dana European Alliance for the Brain recherche effectuée le 02/03/2014, sur le World Wide Web :

NÓVOA, A. (org). *La formation des enseignants et la profession enseignante. Les enseignants et leur formation.* Lisbonne : Publications. Dom Quixote, 1997.

NUNES, A. I. B. L ; SILVEIRA, R. D. N. **PSYCHOLOGIE DE L'APPRENTISSAGE :** processus, théories et contextes. Brasilia : Liber livros, 2009.

PANTANO, T ; ZORZI, J. L. **NEUROSCIENCE APPLIED TO LEARNING.** 1.ed. Sâo José dos Campos, Sâo Paulo : Pulso, 2009.

PINTRICH P. R. ; SCHUNK, D. H. *Motivation in education - theory, research and applications.* New Jersey : Merril Prentice Hall, 2002.

POSNER, Michael I. ; RAICHLE, Marcus E. **Images of the mind.** Porto : Porto Editora, 2001.

PROJETO DE LEI DO PLANO NACIONAL DE EDUCAÇÃO (PNE 2011/2020) : projet en cours au Congrès national / PL no 8.035 / 2010 / organisation : Màrcia Abreu e

RELVAS, M. P. **Neurosciências e Transtornos** de **Aprendizagem** : as mùltiplas eficiências para educaçâo inclusiva.5.ed - Rio de Janeiro:Wak Ed., 2011. 19

ROTTA, N. T. **Transtornos da Aprendizagem.** Porto Alegre : Artmed, 2006.

[a]SAVIANI, D. *Pedagogia histórico-critica : primeiras aproximçoes* (8 ed.). Campinas : Cortez, 2003. Autores Associados.

SIGEL, I. E. & McGILLICUDDY-DELISI, I. **Parents as teachers of their children in the development of oral and written language :** readings in developmental and applied linguistics. Norwood, NJ, Ablex, 1988.

STERNBERG, R. J. & GRIGORENKO, E. L. **Full intelligence : teaching and encouraging student learning and achievement.** Porto Alegre : Artmed, 2003.

TACCA, M. C. V. R. **Enseignement et apprentissage :** analyse des processus de signification dans la relation entre l'enseignant et l'étudiant dans des contextes structurés. Brasilia, 2000. Thèse (PhD) Université de Brasilia.

TUNES, E. ; TACCA, M. C. V. R. ; B ARTHOLO JÙNIOR, R. S. **O professor e o ato de ensinar.** Cad.Pesquisa 2005;126(35) : 689 - 698.

WILLINGHAM, D. T. **Why Students Don't Like School :** Answers from Cognitive Science to Make the Classroom More Attractive and Effective, Editora : Penso, 2011.

WOOD, D. *How Children Think and Learn : the social contexts of cognitive development.* São Paulo : Loyola, 2003.

VYGOTSKY, L. S. **La construction de la pensée et du langage.** São Paulo : Martins Fontes, 2000.

45

ANNEXES

01. Quel rôle jouez-vous dans l'enseignement primaire ?

Maître de conférences

Directeur pédagogique

- Autre (veuillez préciser) : _____

02. Quelle est votre formation ?

Pédagogie

Autre (veuillez préciser) : _____

03.Depuis combien de temps êtes-vous diplômé ?

___ J'étudie encore à l'université

Jusqu'à 5 ans

-Entre 5 et 10 ans

04. Connaissez-vous les progrès des neurosciences ?

Oui

Certaines choses

ZZ|No

05. Pensez-vous qu'il existe un lien entre les sujets abordés dans le cadre de l'alphabétisation et les neurosciences ? Expliquez pourquoi.

Oui, bien sûr.

Oui, rarement

| Non, jamais

06. Lorsque vous concevez des activités pour vos élèves, tenez-vous compte de la manière dont le cerveau apprend ? Pourquoi ?

Oui, bien sûr.

Oui, rarement

Non, jamais

07. Avez-vous l'habitude d'utiliser des activités ludiques pour renforcer le contenu, en tenant compte du fonctionnement du cerveau ? Veuillez expliquer.

Oui, parfois.

Oui, rarement

Non, jamais

08. En général, il faut le chercher :

Casse-tête

Jeux et magazines

Autre (veuillez préciser) : _____

09. Selon vous, est-il indispensable de connaître les mécanismes d'apprentissage dans le cerveau pour répondre de manière satisfaisante à vos besoins d'information dans votre domaine d'activité ? Veuillez expliquer.

Oui

Non

Je ne sais pas

10. Quelles sont vos suggestions ?

OBSERVATION EN CLASSE

CENTRE RÉGIONAL D'ÉDUCATION : ÉCOLE : _____

TECHNICIEN SME : NOM DE L'ENSEIGNANT :

SUJET: ANNÉE/CLASSE :

ÉTUDIANTS INSCRITS : PRÉSENCE DU JOUR:DATE :_____ / __ /

ASPECT PÉDAGOGIQUE	DETAILLER	Oui	Non	En partie	Non observé	RENVOIS
1. l'interaction entre les étudiants et le contenu	- Le contenu est-il adapté aux besoins d'apprentissage de la classe ?					
	- Les activités et les problèmes proposés sont-ils stimulants et utiles pour tous les élèves ou étaient-ils trop faciles pour certains et trop difficiles pour d'autres ?					
	- Y a-t-il une reprise des connaissances travaillées dans les leçons précédentes comme point de départ pour faciliter un nouvel apprentissage, ou					

	DÉTAILS	Oui	Non	En partie	Non observé	RENVOIS
	les activités ne font-elles que mettre en jeu ce que la classe sait déjà ?					
	- Les ressources utilisées sont-elles adaptées au contenu ?					
	- Comment le temps de classe est-il organisé ? Les élèves disposent-ils de suffisamment de temps pour prendre des notes, poser des questions, discuter et résoudre des problèmes ?					
	- L'enseignant sélectionne-t-il et organise-t-il le contenu d'une manière qui favorise un apprentissage significatif pour les étudiants ?					
	- Les élèves participent-ils en classe, en interagissant activement dans les activités proposées ?					
	- L'enseignant explique-t-il clairement à la classe les objectifs d'apprentissage du contenu à court et à long terme ?					
	- Les activités proposées ont-elles été comprises par tous ? Serait-il nécessaire que l'enseignant explique à nouveau et différemment ? Les informations données par l'enseignant sont-elles suffisantes pour faire avancer le groupe ?					
	- Les interventions sont-elles faites au bon moment et contiennent-elles des informations qui aident les élèves à réfléchir ?					
2. Interaction entre l'enseignant et les étudiants	- L'enseignant attend-il que les élèves terminent leur raisonnement ou se montre-t-il anxieux à l'idée de donner les réponses finales, empêchant ainsi la réflexion d'évoluer ?					
	- Les hypothèses et les erreurs qui en découlent sont-elles prises en compte lors de l'élaboration de nouveaux problèmes ?					
	- Les doutes individuels sont-ils socialisés et utilisés comme des opportunités d'apprentissage pour l'ensemble de la classe ?					
	- L'enseignant assure-t-il le suivi de la discipline des élèves ?					
	- L'enseignant gère-t-il la classe de manière à pouvoir faire face à des problèmes imprévus ?					

ASPECT PÉDAGOGIQUE	DÉTAILS	Oui	Non	En partie	Non observé	RENVOIS
	- Les élèves sont libres de mettre					

	vos hypothèses et vos opinions ?				
3. Interaction avec les étudiants avec des collègues	- Dans les activités en binôme ou en groupe, il y a un échange d'idées sur le contenu ?				
	- Dans la salle de classe, les élèves sont organisés librement ou existe-t-il des critères préétablis ?				
	- Il y a des actes de solidarité dans la relation entre l'un à l'autre ?				
	- Les élèves s'écoutent-ils les uns les autres ?				
4. L'attitude pédagogique de l'enseignant	- L'enseignant identifie-t-il les difficultés d'apprentissage des élèves et favorise-t-il des interventions efficaces ?				
	- L'enseignant observe-t-il l'assiduité quotidienne des élèves et prend-il des mesures pour réduire l'abandon scolaire ?				
	- L'enseignant utilise-t-il des techniques/stratégies ciblées dans le cadre de la formation continue ?				
	- L'enseignant utilise-t-il une méthodologie qui implique tous les élèves ?				
	- L'enseignant utilise-t-il les "devoirs" comme technique pédagogique pour renforcer l'apprentissage, le corriger collectivement lors du cours suivant et clarifier les doutes des élèves ?				
	- Y a-t-il une routine organisée dans la classe ?				
	- Les élèves respectent-ils la routine organisée ?				
5. Utilisation du temps d'enseignement	- Le cours commence-t-il et se termine-t-il à l'heure, conformément à l'horaire officiel de l'école ?				
	- Le temps de récréation est-il utilisé de manière rationnelle afin de ne pas compromettre le temps de classe ?				
	- L'enseignant réalise-t-il des activités chronométrées afin d'utiliser au mieux le temps				

49

		Oui	Non	En partie	Non observé	RENVOIS
	d'enseignement de l'élève en classe ?					
	- La charge de travail annuelle (800 h/a) est-elle respectée dans la classe ?					
	- L'enseignant utilise-t-il rationnellement (en le planifiant à l'avance) le temps d'enseignement de l'élève pour des activités en dehors de la classe ?					
	- L'environnement de la classe est-il confortable ?					
	- La salle de classe présente-t-elle les caractéristiques d'un environnement d'apprentissage ?					
	- L'espace est-il aéré, bien éclairé ?					
	- L'espace est-il propre ?					
6. L'environnement	- L'espace est-il bien entretenu ?					
	- Les pupitres sont-ils disposés de manière à favoriser l'apprentissage des élèves ?					
	- L'espace est-il adapté aux activités d'enseignement ?					
	- Les murs sont-ils décorés (affiches, décorations, photos, etc.) ?					
	- Les murs sont-ils propres et exempts de graffitis ?					
7. La posture	- L'enseignant se déplace-t-il fréquemment dans la salle de classe ?					
corps du professeur	- L'enseignant adopte-t-il une posture détendue et appropriée ?					
	- L'enseignant se tient-il dans une position où tous les élèves peuvent le voir ?					
	- Portez-vous des vêtements appropriés ?					
ASPECT PÉDAGOGIQUE	DÉTAILS	Oui	Non	En partie	Non observé	RENVOIS
	- Le contenu présenté par l'enseignant est-il cohérent avec le plan de cours ?					
8. Préparation et planification des cours	- Les progrès des élèves et les difficultés perçues par l'enseignant favorisent-ils la "replanification" des actions didactiques et pédagogiques ?					
	- Le plan de cours est-il élaboré/utilisé par					

50

	l'enseignant en classe ?				
	- La planification (mensuelle/hebdomadaire) est-elle effectuée conformément au plan annuel établi au début de l'année scolaire ? AGENDA/PLAN DE CLASSE				
9. Matériel utilisé	- L'enseignant utilise-t-il du matériel diversifié ?				
	- La quantité de matériel utilisé est-elle suffisante pour la pratique de l'enseignement ?				
	- Utilisez-vous les équipements/matériels du centre multimédia et du laboratoire informatique de l'école (LEI) pour appliquer vos techniques d'enseignement ?				
10. Présentation du contenu	- Lorsqu'il explique le contenu, l'enseignant utilise-t-il un langage clair et compréhensible (adapté au niveau des étudiants) ?				
	- Les étudiants se concentrent-ils pendant les cours ?				
	- L'enseignant maîtrise-t-il bien le contenu ?				
	- Utilisez votre voix correctement.				
	- Utilisez-vous des gestes modérés qui correspondent à votre discours ?				
11. Gestion des conflits	- Y a-t-il des conflits entre les élèves dans la classe ?				
	- Les conflits sont-ils gérés au sein même de la classe ?				
	- L'enseignant joue-t-il le rôle de médiateur pour apaiser les situations conflictuelles ?				
	- Les élèves sont-ils sévèrement punis en classe ?				
	- L'enseignant prend-il des mesures éducatives pour corriger les situations atypiques dans la routine de la classe ?				

D'AUTRES OBSERVATIONS :

RETOUR D'INFORMATION A L'ENSEIGNANT :

SIGNATURES :

ANNEXES

ANNEXE A - PHOTOS

Formações PNAIC

Formações PNAIC

Sequência Didática

Sequência Didática

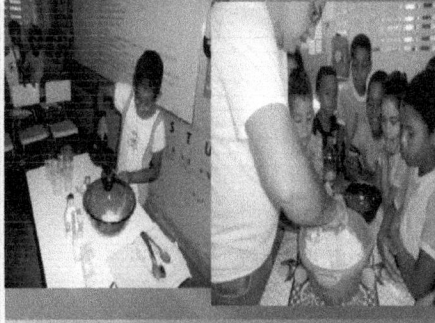
Atividades em sala de aula

http://www.4shared.com/video/d
w6BONzd/Aranha_filme2.html

Projeto de leitura e escrita

9 786208 172497